THÈSE

POUR

LA LICENCE

Manceron

UNIVERSITÉ DE FRANCE. — ACADÉMIE DE RENNES.

FACULTÉ DE DROIT.

THÈSE POUR LA LICENCE

JUS ROMANUM........ De collatione bonorum. (Dig., lib. XXXVII, tit. VI. — Cod.,
lib. VI, tit. XX.)

DROIT FRANÇAIS ...... Du Rapport. (Code Nap., L. III, tit. I, chap. VI, sect. II
art. 843-869.)

Cette Thèse sera soutenue le vendredi, 2 août 1872

Par M. MANCERON (Alfred-Ernest)

Né à Lorient (Morbihan), le 10 juin 1850.

EXAMINATEURS :

MM. BODIN, doyen; DURAND, professeur; WORMS, GUÉRARD, agrégés, chargés de cours.

RENNES,
Typographie BAZOUGE fils et Cie, successeurs de M. HAUVESPRE.
Rue de Viarmes, 15, et rue Lafayette, 6, maison VILLENEUVE.

1872

A MA FAMILLE

A MES AMIS

A MES ANCIENS PROFESSEURS

De l'école libre de Saint-François-Xavier

JUS ROMANUM

DE BONORUM COLLATIONE.

Dig., lib. XXXVII, tit. VI. — Cod., lib. VI, tit. XX.

PROŒMIUM

Ignota erat, vigente duodecim Tabularum lege, collatio; qui enim in principio juris sub ascendentium potestate erant, soli ad hæreditatem veniebant; postea autem, prætor emancipatos quoque ad bonorum possessionem sive contra tabulas, sive unde liberi admisit, eosque paternorum bonorum cum his qui erant in potestate fecit participes : sed æquitatis causa, edixit ut emancipati ea quæ acquisiverant in medium conferrent dividenda. Quare, collationem a prætore, ad damnum quod bonorum possessionem emancipato tributam sequitur reparandum, institutam fuisse constat, et optimo quidem jure, nam in illo tempore bona ab eo acquisita qui erat in potestate, patris familiæ patrimonium augebant, dum propria consequebatur emancipatus. — In novissimo tamen jure, collationis rationem mutatam fuisse videbimus.

His ex dictis collatio est : contributio facta a descendentibus, hæreditatem ascendentium adituris, earum rerum quæ a se acquisitæ fuerunt, aut ab his profectæ sunt, ut cum reliquis dividantur.

Nobis erit non solum bonorum proprie dicta, sed etiam dotis tractanda collatio. Clarius ut explanetur prior pars, videtur nobis quærendum :

1° Quibus casibus sit conferendi locus ?

2° Inter quos collatio fieri debeat ?

3° Quæ conferenda sint, nec-ne ?

4° Quas novas Justinianus introduxerit regulas ?

5° Quomodo fiat collatio ?

CAPUT PRIUS

De bonorum collatione.

—

I. — *Quibus casibus sit conferendi locus?*

Collationi locus est :

1° Quum admittitur emancipatus ad bonorum possessionem contra Tabulas cum eo qui retentus est in potestate ; verbi gratia : pater duos habens filios, alterum emancipatum, alterum in potestate, hunc instituit solum, et emancipatum omisit ; jure prætoris, ad bonorum possessionem contra Tabulas vocatur emancipatus filius, sed propter æquitatem, conferre debet.

2° Quum ad bonorum possessionem ab intestato unde liberi venit emancipatus cum eo qui permansit in potestate.

Si omnes a patre emancipati fuerunt filii, non fit collatio.

Cæterum, hoc est generale principium, quasi juris fundamentum : « toties est collationis causa, quoties ei qui in potestate mansit alicui detrimento est emancipati interventus. » Quare, si nullum fiat incommodum, non erit collationi locus ; verbi gratia : « Pater filium in potestate et extraneum hæredem instituit ; emancipatum autem alterum filium omisit : bonorum possessionem contra tabulas uterque filius accepit ; minime conferre debet emancipatus, si minore ex parte quam dimidia is qui est in potestate hæres scriptus fuit : (Lib., 1. § 4. De Coll.) inique videbitur collationem postulare ab eo propter quem amplius hæreditate paterna habiturus est. « Quin etiam, si judicium patris meruit, emancipatus non confert ; nam talem esse patris voluntatem Romani credunt; nec quicquam amplius nanciscitur quam ei pater dedit. Et ita, si legatis meruit semissem, vel tantum quantum contra tabulas bonorum possessionem occupat : dicendum est non esse ad collationem cogendum. »

Non est collatio, si filius in potestate tantum ut hæres institutus adeat; Scævola tamen magis sentit : « ut quemadmodum pro parte hæreditatem retinet jure eo, quod bonorum possessionem petere posset, ita et conferri ei debeat : utique cum injuriam per bonorum possessionem patiatur. » (Scævola, 1. 5.)

II. — *Inter quos collatio fieri debeat* ?

Iis imponendum erit collationis onus quibus possessio data est. Alii autem conferunt ; aliis confertur.

§ I. — Qui conferunt ?

1º Emancipati qui ad successionem contra tabulas aut ab intestato unde liberi veniunt.

2º Conferre cogitur is qui in adoptiva familia est : scilicet non ipse, sed is qui eum in potestate habet, si maluerit contra tabulas bonorum possessionem accipere. Quod si hic adoptivus pater ante bonorum possessionem petitam emancipaverit eum, non cogetur ad collationem, dum emancipatio sine fraude facta sit.

3ᶜ Eodem modo, si quis habet filium sui juris, et ex eo nepotem in potestate, si nepos patris sui emancipati accipiat bonorum possessionem, dicendum est eum cavere debere ut bona quoque sua conferantur, et esse simil m ei qui adoptavit. (Ulp., 1. 79.)

§ II. — Quibus confertur ?

Emancipati sua bona cum his qui in potestate fuerunt conferre jubentur. (L. 3 § 3. Julianus.)

Nullis aliis quam liberis in potestate fit collatio : sed et inter eos qui in potestate sunt retenti, his tantum confertur, quibus aliquid aufertur paternorum bonorum. — Pater duos filios habet, et ex uno eorum, nepotem ; emancipat filium ex quo nepotem habebat ; procreavit autem deinde emancipatus filium quem avus filii loco adoptavit ; postea vel intestatus, vel testamento facto, præterito emancipat filio, decessit : Bonorum, hac in specie, tres partes fieri oportet, u ait Julianus : una filio in potestate datur, altera nepoti qui filii loco est adoptatus, tertia inter emancipatum ac nepotem qui in potestate remansit, dividitur. »

Si posthumus præteritus fuerit, ei testamentum patris rumpenti et ab intestato succedenti conferre debent emancipati.

An hæredibus eorum quibus conferre oportet, conferendum est ? Alii dicunt, alii negant. Secundum Julianum, distinguendum est : si accepta bonorum possessione decesserit filius in potestate, ejus hæredibus erit conferendum ; non ita si decesserit ante possessionem obtentam.

III. — *Quæ conferenda sint, nec-ne ?*

Conferenda sunt ea quæ in bonis emancipatorum fuerunt eo tempore quo pater obiit, et quæ ei acquisivissent, si in ejus potestate mansiissent ; quin etiam, ea quoque sunt conferenda, quæ bona eorum esse dolo malo desierunt ; negligentia tantum eis crimini non vertitur. — De bonis quæ sine culpa emancipati filii post mortem patris perierunt, incertum est ad cujus detrimentum ea debeant pertinere : attamen plerique putant ea quæ nec dolo, nec culpa perierunt, non ad collationis onus pertinere.

Ex supra dictis, non sunt conferenda :

1. Castrense aut quasi-castrense peculium, id est : bona in bello virtute et armis, aut in patriam laboribus et officiis acquisita.

2. Ea quæ ad injuriarum actiones attinent, emancipatoque competunt : ille enim magis vindictam quam pecuniam persequitur. Sed si furti habeat actionem, conferre debebit.

2

3. Ea quæ emancipato ad dignitatem a patre acceptam præclaro modo sustinendam tributa sunt.

« Impubis, secundùm Pii rescriptum adrogatus, si patris naturalis bonorum possessionem petat, ut putant plerique, quartæ sibi debitæ collationem facere debet ; personalis est quartæ actio, et hanc ob causam hæredi relinquitur : igitur etiam de quarta conferenda cavere eum necessarium erit : Sed hoc ita demum, si jam nata est quartæ petitis; si adhuc vivat pater adoptivus qui emancipavit eum : tum præmatura est collationis spes, cum adhuc vivat is, cujus de bonis quarta debetur. » (Ulp., l. 1, § 21.)

4. Bona post mortem patris communis quæsita : etenim, ex patris morte, quisque filius bona propria potest acquirere. — Attamen, ut dicit Paulus : « cum emancipati filii nomine nepotem posthumum post avi mortem editum dicimus bonorum possessionem accipere oportere, necessarium erit dicere bona sua eum conferre : licet non potest dici, mortis tempore avi bona habuisse, qui ipse nondum in rerum natura erat; igitur, sive hæreditatem a patre, sive legatum acceperit : hoc conferre debebit. »

Filius ab hostibus captus et post mortem patris rediens : licet moriente patre nihil habuerit, cum apud hostes fuerit, tamen et ad bonorum possessionem admittetur, conferetque ea quæ moriente patre haberet, si ab hostibus captus non fuisset ; et ita etsi redemptus ab hostibus mortis tempore patris inveniatur. (Ulp., l. 1, § 17.)

Si is qui bona collaturus est, habeat filium peculium castrense habentem, ejus peculium conferre non cogetur ; sed si jam tunc mortuus erat filius, et peculii bona habuit, cum moritur is cujus petenda est bonorum possessio, an conferre cogetur ? cum autem vindicari id patri non sit necesse, dici oportebit conferendum : imo vero, si institutum fuerit a filio hæres, necdum adierit, habeatque substitutum, quia non magis nunc quæritur peculium quam nunc non alienatur, conferendum est. (L. 1, Ulp.)

5. Si emancipato legatum fuerit : « *cum morietur pater* » : etiam hoc conferre debet ; si autem sub eadem conditione ab ipso patre hæ-

rede instituto, filio ejus fideicommissum fuerit relictum : an id conferendum est, quoniam utile est hoc fideicommissum ? et eveniet, ut
pro eo habeatur, atque si post mortem patris fuisset relictum : nec
cogetur hic conferre.

IV. — *Quas novas introduxit Justinianus regulas?*

Statuit Justinianus (Novella CXVIII, tit. I, cap. VI.) ut in testamentaria successione collationi locum esset. — Legatum vero ab
ascendente relictum nunquam fuit collationi subjectum. — « Sive
quispiam, inquit Justinianus, (Novella XVIII, chap. VI, in authent.)
intestatus moriatur, sive testatus, quoniam incertum est ne forsan
oblitus datorum, aut præ tumultu mortis angustiatus, hujus non est
memoratus,... omnino fiunt collationes, nisi expressim designaverit
ipse se collationem non fieri velle. »

Præterea, priorem naturam, hac in ætate, collatio amittit ; ac tantum viget ad æqualitatem inter hæredes conservandam ; quoque enim
propria bona acquirente filio ; non est de bonis conferendis inter
emancipatos et in potestate retentos distinctio.

Attamen, de bonis quorum acquirendorum non fuisset ascenden-
tibus facultas, verbi gratia : castrense ac quasi-castrense peculium,
vel divitiæ decertando aut pugnando quæsitæ, vel dona ab imperatore
tributa, nihil fuit a novo Justiniani jure mutatum.

V. — *Quomodo fiat collatio?*

« Aut re, aut cautione fieri potest collatio. » (Pomponius, lib. 79,
ad Edictum). Jubet et prætor ita fieri ut recte caveatur, et caveri per
satisdationem oportere, et recte caveri reis et pignoribus Pomponius
scripsit, quamvis edictum prætoris de cautione tantum loquatur.
Emancipatus igitur dividat, inquit jurisconsultus, bona sua cum fratribus, et quamvis non caveat, edicto satisfacit ; et ita si quædam di-

vidat, de quibusdam caveat. Non satis confert qui bona divendo, non cavet, cautioque interponenda erit, si quædam in occulto esse credant cohæredes. Si quis tantum forte in bonis paternis remiserit quantum ex collatione suum habere potuerit, satis videtur contulisse. »

Ita conferri oportet, ut qui confert æs alienum [deducat : « bona enim non intelliguntur, nisi deducto ære alieno. » Sed si quis sub conditione debeat, non statim æs debitum debebit deducere, sed id quoque conferet : contra autem caveri ei oportebit, ab eo qui est in potestate, ut, existente conditione pro ea pecuniæ parte quam contulerit, defendatur.

« Portiones collationum ita erunt faciendæ, ait Ulpianus, ut qui confert, se quoque ut unam personam ad partes faciendas numeret : utputa duo sunt in potestate filii ; unus emancipatus trecenta habens: ducenta fratribus confert sibi centum.

Celsus nos docet unam portionem nepotibus in filii locum succedentibus conferri debere, sed et ipsos ita conferre debere, quasi omnes unus essent.

« Si ex dodrante fuit institutus filius qui in potestate erat, extraneus ex quadrante : emancipatum accipientem contra tabulas pro quadrante tantum bona sua collaturum Julianus ait : quia solum quadrantem fratri abstulit.

Si ex duobus emancipatis bonorum possessionem petentibus, unus contulerit, alter non contulerit, hæreditas denegabitur non conferenti, et ejus portionem is qui in potestate est, servabit. » Si per inopiam emancipatus cavere non possit, non statim ab eo transferenda est possessio : sed sustinendum donec possit invenire fidejussores ; ut tamen de his, quæ mora deteriora futura sunt, his qui in potestate sunt, actio detur : ipsique caveant in medium collaturos, si cautum eis fuerit. (Paulus, l. 41. § 9.)

CAPUT POSTERIUS.

De dotis collatione.

—

I. — *Quando et quomodo fiat dotis collatio ante Justinianum?*

§ I. — Filiæ ab intestato succedentes, vel bonorum possessionem contra tabulas accipientes dotem conferre debent; et id etiam si tantum se bonis paternis misceant: (Ulp., l. 40.) non ita esse, cum filia testamento instituta erit dicitur, nisi collationem fieri jusserit testator. Cessabit autem beneficium, quum aliquam faciet filia cohæredi injuriam. Plane si ex minore parte fuit hæres instituta, et alia quædam in eam contulit contra tabulas bonorum possessio, aucta portione ejus, eam collationis munere fungi oportebit, nisi portione ex qua instituta est, fuerit contenta.

Filia in adoptionem data, etiam ea quæ fuit in potestate ejus ad cujus hæreditatem venit, dotem conferre cogetur: etiam si tantum promissa erit dos, fiet collatio. (L. 1. *De dotis coll.*)

Dos fratribus in potestate, et his conjunctis tantum in eadem hæreditatis parte confertur.

§ II. Dotis ipsius conferendæ loco, eo minus bonorum in hæreditate non capiendo filia satisfecerit.

Ut dotis commoda serventur, cum confertur, impensarum quæ fuerunt necessariæ fit detractio; si moram collationi filia fecerit, dotis usuras conferet.

Quod si jam factum sit divortium, et maritus non possit solvere, non erit integra dos mulieri computanda, sed id solum computandum

quod ad mulierem potest pervenire, hoc est quod facere potest maritus.

Si sub conditione pater vel extraneus dotem promiserit, cautione
opus erit, ut tunc conferat mulier, quum dotata fuisse cœperit.

II. — *Quœ sunt Justiniani tempore, de dotis collatione mutata?*

Quum antiquiori jure, liberi duntaxat ad hæreditatem paternam
venientes dotem conferre cogerentur, imperator Leo constituit ut etiam
in hæreditate matris et maternorum avorum dos ab ipsis profecta
conferretur.

Ex Justiniano, in testamentaria successione, dotis collationi locus
est, nisi contrariam voluntatem expresserit testator : Novella octava
et decima hoc fuit edictum.

Debetur dotis collatio, etiam si maritum inopia invaserit, quum
filia in potestate, inopiam mariti non patri denuntiaverit.

DROIT FRANÇAIS

~~~~~

DU RAPPORT A SUCCESSION.

C. N., L. III, tit. I, chap. VI, sect. II, art. 843-869.

———

« Il n'existe peut-être pas dans tout le droit privé, une institution dont l'histoire offre le spectacle de plus de vicissitudes. »
(DEMOLOMBE.)

CHAPITRE I.

Notions historiques sur le rapport.

La première idée du Rapport appartient à la législation romaine ; inconnue dans la loi des Douze Tables, elle a pris naissance dans le droit prétorien qui la regardait comme très-équitable : « *Habet magnam œquitatem,* » dit Ulpien.

Aux premiers temps de Rome, tout ce que les enfants soumis à la puissance paternelle acquéraient, devenait la propriété du *pater familias,* mais aussi ces enfants étaient, par le droit civil, appelés à la succession de ce dernier, tandis que les émancipés, devenus par l'émancipation étrangers à la famille, demeuraient également étrangers à la succession.

Ces dispositions de la loi furent modifiées, lorsque le préteur intervint pour corriger la rigueur du droit primitif, et pour ainsi dire, rétablir les droits du sang. Au moyen des possessions de biens « *contra Tabulas* ou *unde liberi* », il appela les enfants émancipés à concourir dans la succession du père de famille avec les héritiers restés *in potestate;* mais pour sauvegarder les intérêts de ces derniers qui n'avaient rien pu acquérir par eux-mêmes, le préteur, toujours inspiré par un sentiment d'équité, exigea le rapport des biens obtenus par les émancipés, depuis leur émancipation.

Sans cette mesure de justice, que se serait-il passé ? Le travail et l'industrie des enfants restés en puissance eussent profité aux émancipés, en augmentant le patrimoine héréditaire, tandis que ceux-ci auraient gardé pour eux seuls leurs acquisitions. Le but du rapport, but qui changea par la suite, fut donc dans le principe l'indemnité à accorder aux enfants demeurés sous la puissance paternelle ; en conséquence, la « *collatio bonorum* » n'avait pas lieu lorsque le concours des émancipés ne causait aucun préjudice à leurs cohéritiers ; elle n'avait point lieu entre deux émancipés, ni entre deux enfants restés en puissance.

Tels furent les principes du droit jusqu'à Justinien ; mais, sous cet empereur, ils reçurent d'importants changements, et le Rapport à succession entra dans une voie nouvelle. Comme à cette époque les enfants, émancipés ou non, avaient la possibilité d'acquérir des biens propres, il fut déclaré qu'ils seraient tous indistinctement soumis à l'obligation du rapport, sans en excepter même les héritiers institués qui tenaient du défunt des libéralités entre-vifs; mais les legs n'étaient pas sujets au rapport, et l'obligation de rapporter cessait, si l'héritier renonçait à la succession, ou si le testateur l'en avait dispensé; au surplus, les enfants ne devaient remettre dans la succession que les biens reçus en dot ou en donation.

Justinien revêtit donc la « *collatio* » du caractère qu'elle conserve encore aujourd'hui et qui est le maintien de l'égalité entre tous les héritiers. Avant cet empereur, la « *collatio* » pour avoir lieu, devait être ordonnée par le testateur, sous son règne, elle se produisait toujours, à moins que le disposant n'eût manifesté la volonté contraire; ce système a été reproduit dans notre code.

L'analogie est cependant loin d'être complète au point de vue du Rapport entre la législation romaine et notre législation; et l'on a quelque peine à reconnaître dans notre droit civil l'image de la « *collatio* », telle qu'elle existait à Rome. C'est ainsi, comme différences importantes, que le droit romain n'exigeait la « *collatio* » que de la part des descendants, et seulement la « *collatio* » des donations, tandis que notre code civil exige le rapport de la part de tous les héritiers quels qu'ils soient, et non-seulement le rapport des donations, mais encore celui des legs.

Avant 1789, la France était au point de vue de sa législation divisée en provinces de droit écrit, et provinces de droit coutumier. Les premières adoptèrent, en matière de rapport, les règles qui étaient celles du droit romain aux derniers temps de son existence; les secondes en grand nombre les adoptèrent également; mais dans ces provinces, la diversité de coutumes était telle que la patience la plus admirable se trouverait en défaut devant la nécessité d'en faire une énumération. Un de nos anciens jurisconsultes, Lebrun, après en avoir rapporté onze espèces, s'écria dans son découragement : « On n'aurait jamais fait, si l'on voulait rapporter toutes les dispositions des coutumes sur ce sujet ! » Si donc nous reportons maintenant les yeux sur notre code actuel, notre pensée doit être une pensée de reconnaissance et d'admiration, en présence des bienfaits introduits en France par une législation uniforme.

Bien que les coutumes dont nous venons de parler offrent entre elles une foule de différences, on est cependant parvenu à les ranger en trois grandes classes :

1° Coutumes de préciput (Berry-Nivernais), d'après lesquelles le

3

disposant pouvait, par une clause expresse, dispenser le successible du rapport.

2° Coutumes d'égalité parfaite (Bretagne, Touraine), qui se fondaient sur un principe d'égalité tellement absolu, que les personnes obligées au rapport, ne pouvaient en être dispensées par le disposant, ni s'en affranchir en renonçant à la succession.

3° Coutumes de simple égalité (Paris, Orléans), appelées aussi coutumes d'option, et de beaucoup les plus nombreuses, d'après lesquelles le successible ne pouvait être affranchi du rapport par le disposant, mais pouvait s'en affranchir lui-même en renonçant à la succession.

A l'époque du droit intermédiaire, la loi du 17 Nivôse an II, s'inspirant des idées du temps, sanctionna les principes admis dans certaines coutumes, et établit l'égalité parfaite entre les enfants, et aussi l'incompatibilité absolue entre la qualité d'héritier et celle de donataire ou légataire.

Cette loi du 17 Nivôse, an II, fut de courte durée, et une nouvelle loi du 4 Germinal, an VIII, conçue dans un ordre d'idées tout différent, et dans des vues plus vastes, substitua au principe d'égalité parfaite, celui des coutumes, admettant la dispense de rapport par clause de préciput, et par renonciation à la succession.

Cette théorie des coutumes de préciput avait pour elle l'autorité de Justinien; elle avait été admise dans notre ancien droit, et un ancien auteur Guy-Coquille, en vantait l'excellence, par cette critique des autres systèmes : « C'est, disait-il, une grande servitude et misère aux père et mère de n'avoir pas la liberté de leurs biens, et de n'avoir aucun moyen de récompenser les services et offices de leurs enfants, et tenir en subjection et crainte, ceux qui ne leur sont pas obséquieux : se reconnaître être subject à l'endroit où on doit commander ! »

Enfin, le Code civil fut promulgué : ses dispositions en matière de rapport ont un caractère analogue à celui des dispositions de la loi de l'an VIII. Rejetant le principe d'incompatibilité entre les qualités d'héritier et celles de donataire ou légataire, notre législateur, bien que laissant voir son désir de maintenir l'égalité entre les cohéritiers, fait cependant céder ce désir devant une intention contraire manifestée par le défunt.

« Les rédacteurs du Code, dit Basnage, n'ont pas voulu fermer toutes les avenues à la gratification des pères. »

On voit, d'après ces notions historiques, que la théorie du rapport, bien qu'elle ait conservé le caractère d'équité qui lui a été donné par la législation romaine, a cependant, avec le temps, subi de nombreux changements, au point que M. Demolombe a pu dire : « Qu'il n'existe peut-être pas dans tout le droit privé une autre institution dont l'histoire offre le spectacle de plus de vicissitudes. »

CHAPITRE II.

Principe général de la matière.

A ne considérer que le sens grammatical des mots, l'expression : *Rapport* ne désigne que la remise dans la masse partageable des biens dont le défunt a disposé par actes entre-vifs au profit de ses héritiers *ab intestat*. S'il s'agit de legs, la même expression n'est pas juste, et le Code, en s'en servant, sacrifie évidemment l'exactitude des termes à la commodité du langage, car il est impossible de remettre dans la masse partageable des biens dont on n'a jamais eu la possession, et les biens légués se trouvent encore dans l'hérédité au moment du décès du disposant.

Cette distinction ressort très-clairement des termes mêmes de l'article 843. « Tout héritier, y est-il dit, doit *rapporter* ce qu'il a reçu du défunt par donation entre-vifs........ il ne peut *réclamer* les legs à lui faits par le défunt. »

— Le rapport peut donc être défini : la remise faite à la masse partageable par un héritier, des biens que le défunt lui a donnés, et la maintenue dans cette masse des biens qui lui ont été légués.

— L'idée qui domine la matière du rapport est que : toute disposition entre-vifs ou testamentaire, doit, dans le cas où la personne au profit de laquelle elle a été faite, viendrait à la succession légitime du disposant, être considérée comme un « avancement d'hoirie », une présuccession, c'est-à-dire une avance sur la part héréditaire de cette personne, à moins toutefois que le disposant n'ait établi une dispense de rapport.

La loi pensant qu'un père a dans le cœur les mêmes sentiments d'affection pour tous ses enfants, suppose que l'égalité est le vœu de celui qui n'a pas expressément déclaré son intention d'y déroger.

— Appliquée aux donations, cette présomption est raisonnable : l'obligation de rapporter les choses donnée, n'a pas pour effet d'anéantir complètement le bénéfice de la libéralité, car le donataire garde pour lui les revenus, fruits ou intérêts perçus depuis la donation jusqu'au jour du décès du donateur.

— Quant aux legs, la même présomption ne se conçoit plus, supposer que le testateur qui a fait un legs au profit d'un de ses successibles, n'a pas entendu, en le faisant modifier le principe d'égalité, c'est évidemment se placer à côté de la vérité. Le legs sans clause de préciput, ne procure au légataire d'autre avantage que cette alternative : ou renoncer et garder la chose leguée, ou accepter et rapporter cette même chose, et il est probable que telle n'a pas été l'intention du testateur, qui en témoignant pour un de ses héritiers une affection particulière a, par là même, manifesté l'intention de l'avantager dans ses biens.

— Le système de la loi est donc, quant aux legs, fondé sur une invraisemblance, expliquée par l'influence des idées coutumières qui dominaient les rédacteurs du Code. « Les jalousies, disait Pothier, auxquelles donnent lieu les avantages par préciput, eussent été trop dangereuses à l'égard d'hommes guerriers, tels que nos ancêtres, plus susceptibles que d'autres de colère, et toujours prêts à en venir aux mains. »

— Notre législateur a pensé, au contraire qu'il était équitable qu'un mourant pût, au moyen de quelques avantages préciputaires, témoigner une affection particulière à un parent dont il a toujours éprouvé l'amitié et l'attachement, à un fils qui par son travail et sa conduite a été le soutien et la consolation de ses vieux jours. Mais, novateur timide, le législateur n'a pas osé interpréter le legs fait à l'un des héritiers dans le sens d'un avantage préciputaire. « Si le testateur, a t'il dit, veut déroger au principe d'égalité, qu'il fasse connaître expressément son intention. »

CHAPITRE III.

SECTION PREMIÈRE.

DES PERSONNES SOUMISES AU RAPPORT.

Le rapport est obligatoire pour tout donataire ou légataire, appelé par la loi à la succession « *ab intestat* » du donateur ou testateur, et venant à ce titre prendre part à son hérédité, en concurrence avec d'autres cohéritiers; cette obligation n'est imposée qu'à celui qui est héritier légitime ; peu importe d'ailleurs qu'il soit héritier en ligne directe on collatérale ascendante ou descendante, qu'il accepte purement et simplement ou sous bénéfice d'inventaire, qu'il ait été héritier présomptif au moment de la donation, ou qu'il ne le soit devenu que plus tard.

En conséquence de ce que nous venons d'établir, l'héritier qui renonce à la succession, étant réputé n'avoir jamais été héritier peut réclamer les legs, et conserver les dons à lui faits, jusqu'à concurrence de la quotité disponible ; s'ils excèdent la limite de cette quotité, ses cohéritiers ont le droit d'en demander la *réduction*. Il n'en peut même conserver aucune partie, si le défunt avait déjà par des libéralités *antérieures*, absorbé son disponible.

L'article 844 dit que « les libéralités, même avec clause de préciput ne peuvent être retenues par l'héritier donataire ou légataire, que jusqu'à concurrence de la quotité disponible ; l'excédant est sujet à *rapport*. » Cette expression : à rapport, bien qu'adoptée par M. Demolombe, n'est pas exacte, et le mot *rapport*, doit, selon nous, et nous suivons en cela l'opinion de nombreux auteurs, être remplacé par cet autre mot : *réduction* ; or, le rapport et la réduction ne doivent pas être confondus, car ces deux institutions se séparent par des différences importantes ; il ne faut donc pas partager le sentiment de M. Coin-Delisle, et : « laisser au purisme des docteurs, le soin de faire une distinction entre les deux termes. »

L'héritier peut retenir les dons et réclamer les legs, s'ils lui ont été faits par préciput et hors part. (Art. 843.)

On s'accorde généralement à penser qu'il n'est pas nécessaire de cumuler les expressions : *par préciput* et *hors part*, malgré la conjonction *et* de l'article 843 ; l'une des deux suffit.

La déclaration que le don ou le legs est à titre de préciput ou hors part peut être faite soit par l'acte qui contient la disposition, soit postérieurement, dans la forme des dispositions entre-vifs ou testamentaires, (art. 919) ; cette forme est exigée en ce cas, car la clause de préciput est alors une nouvelle libéralité ajoutée à la première.

M. Demolombe enseigne que la dispense du rapport pourrait, sans être expressément écrite, ressortir soit de l'ensemble des différentes clauses, soit même de la nature de l'acte. Les questions d'interprétation de la volonté du défunt devront parfois être laissées à l'appréciation des tribunaux. (Cour de cass., 16 juin 1830). — A cette occasion, le savant jurisconsulte pose la question de savoir, si, par exemple, la disposition universelle faite par le défunt au profit d'un successible implique la dispense de rapport ; et il y répond affirmativement, s'appuyant sur ce que la disposition universelle est exclusive de tout partage.

Les libéralités faites au fils du successible sont réputées faites avec dispense de rapport, et le successible n'est pas tenu les rapporter, alors même qu'il en profite indirectement, par exemple, en succédant à son fils. (art. 847.)

De même, le fils venant de son chef à la succession du donateur n'est pas tenu de rapporter les biens donnés à son père, alors même qu'il aurait accepté la succession de celui-ci ; c'est en effet un principe de droit que les héritiers appelés de leur chef à la succession ne rapportent que les choses qu'ils ont personnellement reçues du défunt.

Les héritiers qui succèdent par représentation sont, au contraire, dans l'obligation de rapporter ce qui a été donné à leur père ; c'est une conséquence des effets de la représentation. Les représentants sont investis des droits et obligations du représenté ; or, si le représenté fût venu lui-même à la succession, il eût dû rapporter les libéralités qu'il tenait du défunt.

Au surplus. les représentants succédant, non de leur chef, mais du chef du donataire, la loi les met dans la nécessité d'effectuer le rapport, alors même qu'ils n'ont retiré aucun bénéfice de la libéralité, c'est-à-dire alors même qu'ils ont renoncé à la succession du donataire.

Ici se présente l'intéressante question de savoir si un fils, succédant par représentation doit rapporter à la succession du défunt ce qu'il en a reçu personnellement ?

(Il est bien entendu que dans l'art. 848, le mot fils est synonyme d'enfant, et le mot père, synonyme d'ascendant.)

Un grand nombre de jurisconsultes, et notamment M. Marcadé se sont prononcés pour la négative. « La loi, disent-ils, a admis la représentation dans le but d'assurer aux représentants la même position qu'ils eussent eue, si le représenté ne fût pas mort avant leur aïeul, et leur eût transmis ensuite sa succession. Or, si le représenté eût été réellement héritier, il n'eût pas été tenu de rapporter les libéralités reçues par son fils, (art. 847) : donc ce dernier n'est pas tenu de les rapporter.

De plus, la représentation est une fiction (art. 739), en vertu de laquelle un fils ou un frère prédécédé survit dans la personne de ses enfants ; c'est donc, du moins aux yeux de la loi, le représenté qui est l'héritier, et dans notre hypothèse, il n'est ni donataire, ni légataire.

D'autres auteurs, parmi lesquels M. Demolombe, ont repoussé ce système. « Du moment disent-ils, que l'héritier réunit à cette qualité, celle de donataire, ou légataire, il est soumis au rapport; tel est le sens de l'art. 843, et on ne doit établir aucune distinction.

D'après ce système, le représentant rapportera et ce qu'il avait reçu personnellement, et ce qu'avait reçu le représenté.

Ce système n'est pas inconséquent disent ceux qui le défendent, car la loi qui, par une faveur singulière, défère aux représentants une succession que l'éloignement de leur degré ne leur aurait pas permis de recueillir, a bien pu organiser, comme elle l'a cru le plus convenable, la fiction qu'elle a imaginée à cet effet. Cela n'est pas non plus injuste ; ce qui serait contre l'équité, c'est que le représentant appelé à la succession conservât, outre la part héréditaire qu'il recueille les dons qui lui ont été faits, tandis que ces cohéritiers seraient tenus, eux, de rapporter les dons qu'ils auraient reçus.

S'il y a des représentés intermédiaires, le représentant devra rapporter les avantages qu'ils auront reçus du défunt; c'est du moins l'avis de la plupart des auteurs.

Si un père, dans l'intérêt de ses petits-enfants, et à charge de rapport, a payé les dettes de son fils après la mort de celui-ci, les petits-fils qui auront renoncé à la succession de leur père devront-ils rapporter à la succession de leur aïeul les sommes par lui payées ? Lebrun qui rapporte l'espèce soutient l'affirmative, car, dit-il, « c'est pour ses petits fils que l'aïeul a hasardé ces avances, et s'ils n'en ont pas profité parceque le mauvais état de la succession les a forcés d'y renoncer, ils ne sont pas plus pour cela exemptés du rapport, qu'ils n'en seraient exemptés par le naufrage d'un vaisseau que leur aïeul aurait chargé pour eux.

La Cour de cassation s'est prononcée en sens contraire (5 janvier 1859.) — En effet, d'après l'art. 848, le fils venant par représentation n'est tenu de rapporter que ce qui a été donné à son père ; or, dans l'espèce, le don a été fait à la succession et non au père. Quoique la loi ne soumette le fils venant à la succession par représentation de son père qu'au rapport des dons faits à son père par le défunt, disons cependant qu'elle le soumet également au rapport des sommes que le défunt aurait prêtées à son père, dans les cas et dans la mesure où le rapport s'applique, en général aux sommes prêtées.

Expliquons maintenant l'art. 849 : il dit que les dons et legs faits au conjoint d'un successible sont réputés faits avec dispense de rapport. — Trois hypothèses sont prévues par cet article :

Première Hypothèse : Libéralité faite par le « *de cujus* » à l'un de ses héritiers qui est marié : — rapport intégral.

Deuxième Hypothèse : Libéralité faite à l'héritier et à son conjoint : — rapport de la moitié des biens compris dans la donation ou le legs.

Troisième Hypothèse : Libéralité faite au conjoint de l'héritier : il n'y a lieu à aucun rapport, alors même qu'il est certain, qu'en fait, l'héritier a profité indirectement de la libéralité dont son conjoint a été gratifié.

Les art. 847 et 849 qui ne paraissent être que la confirmation du principe posé dans l'art. 843, à savoir, qu'il faut réunir la qualité

4

d'hériter et celle de donataire ou légataire pour être soumis au rapport, ont cependant leur raison d'être ; mais elle est expliquée de diverses manières. Les uns, prenant à la lettre les art. 847 et 849, ont dit : « Les rédacteurs du Code étaient persuadés que le père ou le conjoint retire souvent un bénéfice de la libéralité faite au donataire, et que la plupart du temps même, celui-ci n'est qu'une personne interposée, secrètement chargée de leur restituer la donation. Mais le législateur, ayant vu dans le moyen employé par le donateur l'intention de faire un préciput, il a décidé que ces donations seraient toujours présumées faites avec dispense de rapport »,

Cette raison pouvait être acceptée dans l'ancien droit qui déclarait la qualité de donataire ou légataire incompatible avec celle d'héritier ; alors, en effet, une personne voulant, par un préciput, récompenser un de ses successibles, et ne pouvant y parvenir directement, employait naturellement l'intermédiaire d'une tierce personne qui recevait la donation ou le legs, et s'engageait secrètement à en faire la restitution au successible.

Mais cette même raison est rejetée par notre législation actuelle, car le disposant peut parfaitement aujourd'hui faire une donation directe à son successible, et le dispenser du rapport par un préciput. Mais alors comment expliquer cette formule de l'art. 847, qui porte « que les dons et les legs faits au fils du successible sont toujours réputés faits avec dispense de rapport » ? « Ce ne sont que des expressions parasites » ! a dit M. Duranton. « C'est un non sens » ! disent aussi MM. Ducaurroy, Bonnier et Roustaing.

Nous pensons donc que les art. 847 et 849 doivent s'expliquer historiquement : le but des rédacteurs du Code a été uniquement d'abolir la présomption d'interposition de personnes, et d'empêcher un retour aux anciennes coutumes.

Pour nous, abandonnant le premier système qui consiste à prétendre que les donations déguisées emportent nécessairement par elles-mêmes la dispense du rapport, nous nous rangerions plus volontiers du côté du second qui nous paraît plus conforme à la pensée qui a inspi-

ré les rédacteurs du Code, et qui consiste à dire que les donations déguisées demeurent soumises à l'obligation du rapport, à moins que le
défunt ne les en ait dispensées.

Nous avons dit que le rapport n'est dû que par l'héritier légitime
venant à la succession *ab intestat* du donateur, l'enfant naturel n'y
sera donc pas soumis, car il n'a pas la saisine, il n'a qu'un simple droit
aux biens de ses père et mère qui l'ont reconnu; (l'opinion contraire
est soutenue par plusieurs auteurs, M. Demolombe entre autres). Seulement, comme aux termes de l'art. 908, du Code civil, il ne peut
rien recevoir par donations entre-vifs ou autrement, au-delà de ce
qui lui est assigné au titre des successions, il devra obéissant à l'art.
760 du même Code, imputer sur sa part à prendre, ce qu'il a déjà reçu
comme donataire.

SECTION DEUXIÈME.

A QUI EST DU LE RAPPORT.

Le rapport, avons-nous dit, n'est dû que par l'héritier *ab intestat*;
par une juste réciprocité, il n'est dû qu'aux héritiers *ab intestat*.

Au surplus, il n'est dû que par le cohéritier à son cohéritier; ni les
légataires, ni les créanciers de la succession n'y ont droit; ils ne
peuvent même pas profiter du rapport effectué à la requête de ceux
qui sont autorisés à le demander (art. 857). Cette disposition ne saurait
évidemment froisser leurs droits; ou les créances étaient antérieures
aux donations faites par le débiteur, ou elles leur étaient postérieures:
dans le premier cas, les créanciers auraient pu garantir leur créance
par une hypothèque, et s'ils ne l'ont pas fait, ils doivent seuls souffrir
de leur imprudence; dans le second cas, ils n'ont pas pu compter sur
des biens déjà sortis des mains du débiteur.

Nous avons avancé que l'héritier seul peut demander le rapport. Posons-nous maintenant la question de savoir si l'enfant naturel, partageant avec d'autres cohéritiers la succession de ses père et mère, jouit de la même faveur ?

La négative est soutenue par plusieurs jurisconsultes éminents, par Toullier, entre autres, qui, s'appuyant sur les termes de l'art. 756, soutiennent que l'enfant naturel n'est pas héritier, et pour ce motif, ne lui attribuent pas plus de droits qu'au créancier ou au légataire. Mais, on peut leur répondre que, si la loi n'accorde pas aux enfants naturels le titre d'héritier, elle les appelle cependant elle-même à la succession ; ils sont donc héritiers de fait, sinon de droit. (Arrêt de la Cour de Paris, 5 juin 1826).

En outre, il est permis de les combattre par leurs propres armes, et de leur faire observer que s'ils prennent à la lettre le mot : héritier de l'art. 857, on peut prendre de la même façon les termes du même article qui ne défendent qu'au créancier ou légataire d'exiger le rapport.

On trouve encore dans l'art. 757 un argument qui milite en faveur du système qu'on leur oppose. — Cet article, en effet, dit que l'enfant naturel prendra une part de ce qu'il aurait eu, s'il eût été légitime ; or, s'il eût été légitime, il eût pu demander le rapport ; donc il peut le demander, afin d'en obtenir la part que la loi lui accorde.

Le droit de requérir le rapport n'est pas un droit exclusivement attaché à la personne, et les créanciers de l'héritier à qui est dû le rapport, peuvent exercer le droit de demande qui compète à leur débiteur. — De même, les créanciers de la succession et les légataires peuvent aussi, lorque l'héritier auquel le rapport est dû a accepté purement et simplement, et qu'ils sont ainsi devenus créanciers personnels de cet héritier, exercer leurs poursuites sur les biens qu'il a fait rapporter, et même demander le rapport en son nom. (Art. 1166.)

SECTION TROISIÈME.

A QUELLE SUCCESSION EST DU LE RAPPORT, ET QUAND S'OPÈRE-T-IL ?

Le rapport n'est dû qu'à la succession du donateur ; ce n'est que dans cette succession que l'égalité a été rompue, c'est donc dans celle-là seule qu'elle doit être rétablie. (Art. 850.) Le petit-fils ne rapportera donc pas à la succession de son père les biens qu'il tient de son aïeul, ni à la succession de sa mère ce qu'il tient de son père, et réciproquement.

Le rapport n'est dû à la succession qu'au moment où elle s'ouvre.

Il peut cependant se présenter quelques difficultés pour savoir à quelle succession et à quel moment l'enfant doit rapporter la dot qu'il a reçue de ses père et mère. Parcourons donc quelques espèces :

Les donateurs sont mariés sous le régime de la communauté, et la dot a été constituée par le mari seul en effets de la communauté : ce n'est plus seulement l'ouverture de la succession du mari qu'il faut considérer pour déterminer le moment où le rapport devra s'effectuer, il dépendra aussi de l'acceptation ou de la répudiation de la communauté par la femme ou ses héritiers : Si la femme accepte la communauté, elle est tenue de la dot, et le rapport se fera à la succession de chacun des époux, dans la proportion de ce que chacun supportera dans la dot ; si la femme refuse la communauté, la dot restera à la charge du mari, et le rapport se fera en entier à sa succession.

Dans le cas où le mari donateur survit à sa femme, si les héritiers de cette dernière acceptent la communauté, l'enfant doté rapportera moitié à ses frères et sœurs dans la succession de la mère, moitié à la succession du père.

Si les héritiers renoncent à la communauté, l'enfant doté ne rapportera qu'à la succession du père.

Lorsque la dot a été constituée conjointement par le mari et la femme, le rapport se fera par moitié à la succession de chacun, même si la femme renonce à la communauté; mais alors la femme survivante devra indemniser la communauté qui aura payé en entier une dette dont une moitié la concernait.

Si la dot constituée conjointement par les deux époux, a été fournie en biens personnels de la femme, et qu'elle vienne à décéder avant le mari, les cohéritiers de l'enfant doté ne pourront le forcer à rapporter à la succession de la femme que la moitié de la dot; mais ils auront un recours contre le mari pour l'autre moitié.

Lorsque le père et la mère mariés sous le régime dotal dotent conjointement l'enfant commun, cette dot est censée constituée à part égale, et le rapport se fera pour moitié à la succession de chaque époux.

Si la dot a été constituée en faveur d'un enfant d'un lit précédent, le rapport ne devra s'effectuer qu'à la succession de l'époux qui a constitué la dot à son enfant.

Si, deux époux mariés sous le régime dotal voulant constituer une dot, le père seul agit, la mère, quoique présente au contrat, ne sera pas engagée, et la dot restera entièrement à la charge du père ; le rapport ne se fera donc qu'à sa succession.

Empruntons enfin une dernière espèce à l'art. 1545 :

Si le survivant des père ou mère constitue une dot pour biens paternels et maternels sans spécifier les portions, la dot se prendra d'abord sur les droits du futur époux dans les biens du conjoint prédécédé, et le surplus sur les biens du constituant; d'où la conséquence que le rapport devra se faire à la succession du constituant en proportion de ce qu'il aura fourni.

CHAPITRE IV.

Quels avantages sont ou ne sont pas sujets à rapport?

SECTION PREMIÈRE.

QUELS AVANTAGES SONT SUJETS A RAPPORT ?

La règle est que l'héritier *ab intestat* doit rapporter toutes les libéralités reçues du défunt, directement ou indirectement, à moins qu'il n'en ait été dispensé (art. 843).

I. — *Rapport des legs.*

Quant aux legs, nous avons déjà dit que l'héritier ne peut les réclamer, à moins qu'il renonce, ou qu'il n'existe une clause de préciput ; mais la question se présente de savoir si les choses léguées demeureront dans la masse pour être réparties dans les différents lots, ou si au contraire, elles ne doivent pas être placées dans le lot de l'héritier légataire, qui les obtiendrait ainsi par voie d'attribution, en les préromptant, jusqu'à concurrence de leur valeur, sur sa part héréditaire.

Trois opinions sont en présence : La première est pour le premier parti, la seconde pour le second parti ; c'est la doctrine de M. Troplong; et la troisième enfin, qui est mixte, admet le second parti si le rapport peut se faire en moins prenant, et le premier, si le rapport doit se faire en nature.

II. — *Rapport des dettes.*

Les art. 829 et 830 du Code civil s'occupent du rapport des dettes, mais comme ils sont en dehors du cadre qui nous est tracé, et dans lequel nous devons nous renfermer, nous dirons seulement à leur sujet que l'assimilation établie par les rédacteurs du Code entre le rapport des dettes et celui des dons n'est pas aussi complète qu'elle paraît l'être.

III. — *Rapport des donations.*

§ I. — *Des donations directes.* Les donations directes sont celles qui, revêtues des formalités de la loi, s'adressent sans détour ni déguisement à la personne même qu'on a voulu gratifier ; celles qui sont faites par le droit chemin ; elles sont rapportables, s'il n'existe pas de clause de préciput ; elles sont réductibles, s'il en existe une, alors même que l'héritier renonce à la succession.

Sont donc donations directes :

1° Les sommes dépensées pour l'établissement d'un successible, pour lui acheter un office, une étude, un fonds de commerce.

Et, en effet, de deux choses l'une : ou le défunt n'a voulu faire au successible qu'une avance, un prêt, et alors ce dernier en devra le rapport comme débiteur, ou il a voulu faire une donation, et alors, s'il n'existe pas de clause de préciput, le rapport sera dû aux termes de l'art. 843. Si le législateur a cru devoir s'expliquer formellement, c'est qu'il a peut-être craint qu'on ne considérât l'établissement fourni au successible comme le paiement d'une dette reconnue par la loi.

« Il faut aussi comprendre sous le mot, établissement, nous dit M. Demolombe, ce qui est de nature à en être considéré comme le

commencement et la base, et aussi comme le complément et la conso-
lidation ».

2° Les sommes employées pour libérer un successible de l'obligation du service mililitaire.

Il est assez généralement admis que le rapport est dû en ce cas ;
nous l'admettons également, mais on doit, il nous semble, y apporter
avec Toullier, quelques tempéraments : Le majeur qui a concouru au
traité de remplacement, et qui a pu s'y obliger, devra sans doute rapporter ; mais supposons un mineur qui n'a pu prendre part au contrat, supposons même un majeur disposé à payer lui-même sa dette
au pays, et libéré par son père qui trouve en lui un soutien ou un
travailleur habile : ce mineur et ce majeur seront-ils astreints au rapport ? Il est permis d'en douter.

3° Les sommes employées pour payer les dettes d'un successible.

Mais supposons que le défunt ait payé pour le compte de ce dernier,
une dette annulable ou rescindable ; une dette contractée en minorité,
par exemple : le rapport sera-t-il dû? Une distinction est nécessaire :
il le sera si le mineur était émancipé ou établi, car celui-ci a pu s'en-
gager pour des sommes mobilières ; il ne le sera pas dans l'hypothèse
contraire ; dans les autres cas, il le sera encore si la dette avait un
motif raisonnable, mais il ne le sera plus si elle a été contractée pour
folles dépenses, pertes au jeu, etc. Quelques auteurs soutiennent
pourtant l'opinion contraire en s'appuyant sur ce que le système
admis aujourd'hui, a été lors de la discussion du Code, critiqué par
le conseil d'Etat. Une troisième opinion admet ou n'admet pas le rapport dans l'espèce précédente suivant les circonstances ; ce serait là
une question de fait laissée à l'appréciation des magistrats ; c'est l'opinion exprimée par Treilhard.

Le fils, prisonnier de guerre, et racheté par son père, doit le rapport de cette rançon, car c'est une dette raisonnable éteinte en sa
faveur ; nos anciens jurisconsultes étaient du même avis à ce sujet.
(Merlin. Rapp. à succ).

4° Les donations manuelles et les donations rémunératoires :

5

Cependant, il ne faudrait pas appliquer les dispositions du rappport, si la chose donnée n'était que de peu d'importance ; il y aurait là une question de fait laissée à l'appréciation des tribunaux qui devraient prendre en considération la condition et la fortune des parties.

La question de savoir si les donations rémunératoires sont sujettes à rapport, a souvent divisé les auteurs. Aussi, certains d'entre eux disent qu'ils ne voudraient pas, pour leur part, proposer la doctrine qui enseigne, en termes absolus, qu'une donation rémunératoire ou onéreuse n'en est pas moins une donation pour le tout, et qu'elle doit par conséquent, toujours être rapportée pour le tout. Elle sera affranchie des règles du rapport, disent-ils, si les services qui l'ont motivée sont appréciables, constants et prouvés, mais il ne suffirait pas pour faire perdre à la donation son véritable caractère d'une « *énonciation vague de services incertains* », comme disait Pothier, ou suivant les paroles de Lebrun : « *de ces énonciations vagues et générales, de bons et agréables services qui dépendent plus du style du notaire que de l'intention des parties* ».

Sur la question de savoir, si, pour déclarer qu'un don manuel est soumis au rapport, il y a lieu de considérer l'importance et la valeur plus ou moins grande de la somme ou de l'objet donné : Guy Coquille écrivait dans l'ancien droit que : « Le rapport doit être fait de toutes sortes de biens, tant meubles qu'immeubles, pourvu que les dons et bienfaits aient été de sommes notables » (art. 11 du titre des donations de la coutume du Nivernais). L'art. 647 du projet dit de Cambacerès portait que : « On ne rapporte pas les dons d'effets mobiliers quand il y a eu tradition réelle, et que leur valeur n'excède pas 200 fr. » Notre Code n'a pas jugé à propos de reproduire ces dispositions, et il a bien fait, car il est impossible de déterminer, en ces occasions, un chiffre invariable et absolu. Il est pourtant incontestable, comme nous l'avons déjà dit, que l'on ne saurait soumettre au rapport tous les dons manuels, quels qu'ils soient, sans avoir aucun égard à leur modicité ou à leur importance ; la raison et l'équité s'y opposent.

5° Les avantages résultant de la remise d'une dette par un créancier à son successible : l'avantage qu'a reçu le successible, est en effet, le résultat d'une convention intervenue sans aucun détour entre lui et le « de cujus ».

§ II. — *Des donations indirectes.* Ce sont celles déguisées sous une donation à personne interposée, sous la ferme d'un contrat à titre onéreux, ou sous le non-exercice d'un droit appartenant au défunt, pour que la succession en profite, par exemple : la renonciation à une succession.

La remise de dette faite par le défunt au successible constitue aussi un avantage indirect. En principe, les donations déguisées par interposition de personnes, ou sous un contrat à titre onéreux sont valables quand elles n'ont pas pour but de frauder la loi ; ainsi du moins l'a décidé, après longue hésitation, la cour de cassation par un arrêt de 1810. L'importante question de savoir si l'interposition de personne peut établir une dispense suffisante de rapport a soulevé de graves controverses ; nous en avons déjà précédemment dit quelques mots.

Un premier système dont est partisan M. Demolombe prend à la lettre l'art. 843, et exige le rapport, toutes les fois qu'il n'y en a pas une dispense expresse ; or, cette dispense ne se trouve pas dans notre espèce ; il ajoute que les articles 847 et 843 contiennent des exceptions qu'on ne peut étendre d'un cas à un autre.

Un second système prétend que les articles 847 et 849 ne sont pas des exceptions, mais au contraire des principes qu'il faut appliquer aux hypothèses qui n'ont pas été spécialement prévues ; en un mot, il faut généraliser et non restreindre les dispositions de ces articles. Ce système qui a le mérite de tarir une source de procès assez féconde, a été consacré par la Cour de cassation par arrêts des 26 juillet 1814, 31 juillet, 1816, et 13 août 1817.

On peut encore lutter contre le premier système en disant qu'en se servant pour faire parvenir la libéralité à l'un de ses successibles de l'intermédiaire d'une personne non astreinte au rapport, le défunt a clairement manifesté sa volonté de dispenser du rapport le véritable bénéficiaire. Cette dernière opinion trouve une grande autorité dans ces paroles de M. Treilhard posées en principe général dans l'exposé des motifs du Code civil: « les donations qui n'auront pas été faites à la personne même de l'héritier, seront toujours réputées faites par préciput, à moins que le donateur n'ait exprimé une volonté contraire. »

SECTION DEUXIÈME.

QUELS AVANTAGES SONT DISPENSÉS DU RAPPORT.

Sont dispensés du rapport :

1° Les dons faits par préciput ou hors part, ou avec dispense de rapport; ils sont réductibles s'ils excèdent la quotité disponible.

2° Les frais de nourriture d'entretien, d'éducation, d'apprentissage, les frais ordinaires d'équipement, ceux de noces et les présents d'usage (art. 852), mais ces derniers faits ne doivent pas s'élever au niveau des fraits faits pour l'établissement d'un successible, car alors, ils seraient rapportables (art. 851).

Les frais de nourriture et d'entretien ne sont pas sujets à rapport, s'ils ont été faits par un ascendant au profit de son ascendant, ou réciproquement: car alors, ils sont le paiement d'une dette imposée par la loi. On décide également qu'ils n'y sont pas sujets s'ils ont été faits par tout autre parent qu'un ascendant ou descendant, mais alors on invoque les mêmes raisons que pour les frais d'éducation, d'apprentissage et d'équipement. « Ces dépenses, dit-on, ont à la vérité, profité au successible dans l'intérêt duquel elles ont été faites; mais elles n'ont pas nui aux autres héritiers. Il est probable que le défunt les a faites sur ses revenus, et s'il n'eût pas employé ses revenus de la sorte, il les eût dépensés d'une autre manière : *lautius vixisset.* »

Les frais précités ne sont pas rapportables, lors même qu'ils n'ont pas été faits également pour tous les successibles, lors même que les dépenses faites pour l'un des successibles seulement, seraient très-considérables.

Ce n'était pas l'opinion de l'excellent auteur Guy-Coquille qui disait dans son style original : « Si un père, étant de moïennes facultez, voïant son fils de bon et aigu entendement, propre à comprendre les sciences, se parforce de l'avancer, et fournit pour lui si grands frais, que vraisemblablement son revenu ne puisse porter sans diminuer grandement son bien, je crois que cet enfant, qui aura fait cette grande dépense, sera tenu de rapporter. »

La solution contraire n'est-elle pas plus conforme aux mœurs d'une société qui se montre favorable au développement de l'intelligence et à l'encouragement du progrès ! N'est-il pas équitable qu'un père qui a découvert le « gentil esprit et le bon et aigu entendement » de l'un de ses fils, ait le pouvoir de faire les dépenses que lui imposera sa tendresse pour cet enfant qui deviendra peut-être l'honneur et le soutien de sa famille !

C'est une question de fait laissée à l'appréciation des tribunaux de savoir si les présents d'usage sont ou ne sont pas dans les limites du patrimoine du disposant ; suivant cette distinction, ils seront ou ne seront pas sujets à rapport. « Telle dépense qui est excessive pour une personne entame à peine les revenus d'une autre. » (Montesquieu. Esprit des Lois).

La cour de Bourges (arrêt du 8 février, 1845, a jugé que les frais et honoraires du contrat de mariage d'un successible payés par le défunt sont soumis au rapport.

« Les frais de noces en sont exempts, car ils sont plutôt faits pour l'honneur de la famille que pour le bien de celui qui les occasione. » (Denisard).

La législation coutumière qui exigeait le rapport des frais faits pour obtenir des grades dans une université n'a pas été reproduite.

3° Les amendes ou réparations civiles prononcées contre le fils, mais payées par le père considéré comme responsable. (art. 1384). (Toullier T. II.

4° Les paiements faits par les parents d'un mineur pour dettes contractées par ce dernier. Si le rapport était exigé en pareil cas, un jeune homme pourrait dissiper en un jour et à l'avance toute sa fortune, uniquement parceque son père aura payé une dette illégale.

5° Les profits que l'héritier a pu retirer des conventions passées avec le défunt, si ces conventions, lorsqu'elles ont été faites, ne présentaient aucun avantage indirect (art. 853). En effet dans ce cas, le défunt n'a rien donné au successible. « Un fils, dit Lebrun, qui aura acheté de son père avec quelque sorte de bon marché, n'est pas réputé pour cela, donataire de son père. »

6° Les avantages que l'héritier a retiré des associations faites sans fraude entre lui et le défunt, lorsque les conditions en ont été réglées par un acte authentique, (art. 854). L'acte authentique est exigé afin que les autres successibles aient toujours le moyen de vérifier, d'étudier les clauses de la société, pour s'assurer si elle contient ou non des avantages indirects; un acte sous seing privé ne remplirait pas le même but.

Comme c'est surtout à l'occasion des contrats à titre onéreux entre le défunt et l'un de ses successibles que la thèse des avantages indirects est importante, le législateur a cru devoir s'en occuper d'une manière spéciale dans les art. 853 et 854 que nous venons d'énoncer. Ces deux articles que rattache le mot pareillement, sont évidemment l'expression du même principe, duquel il résulte: que les contrats à titre onéreux sont permis entre une personne et l'un de ses successibles, et produisent, s'ils sont sérieux, de bonne foi, et n'on pas pour but, au moment de leur formation, de conférer un avantage indirect au successible, les mêmes effets qu'ils produiraient entre deux étrangers; s'ils ont au contraire pour but d'avantager le successible, celui-ci devra rapporter les avantages reçus. Notre code, contrairement aux exigences des anciens auteurs, n'a soumis les contrats à titre onéreux entre une personne et son successible, à aucune condition spéciale de validité, en la forme ou autrement; il n'y a qu'une exception quant au contrat de société; c'est qu'il est un des plus fréquents, et aussi, dit Basnage : « un de ceux qui peuvent susciter le plus de difficultés, et causer fort souvent de la brouillerie dans les familles. » (Sur l'art. 434; cout. de Normandie).

Les mots sans fraude de l'art. 854 doivent être entendus en ce sens que : les conventions ne doivent présenter aucun avantage indirect lorsqu'elles sont faites.

7° La dot constituée par le père à sa fille, alors que le mari de celle-ci était déjà insolvable, et qu'il n'avait ni art, ni profession.

Dans ce cas, la fille ne devra rapporter à la succession de son père que l'action qu'elle a contre la succession de son mari. Mais doit-on décider de même si la fille s'est mariée sous un régime autre que le régime dotal? Quelques jurisconsultes l'ont pensé ainsi, mais M. Demo_lombe pense comme M. Grenier que l'opinion la plus sûre est que l'on doit s'en tenir aux termes de l'art. 1573.

8° L'immeuble qui a péri par cas fortuit et sans la faute du donataire (art. 855). Le donataire est en ce cas débiteur d'un corps certain, et un tel débiteur est libéré lorsque la chose vient à périr sans sa faute. Mais le donataire devra, d'après une opinion assez générale, rapporter l'action en indemnité qu'il pourrait avoir, par exemple, contre une compagnie d'assurances.

9° Les fruits et intérêts des choses sujettes à rapport, perçus ou échus avant l'ouverture de la succession (art. 856). Autrement, la donation faite au successible n'aurait eu aucune utilité pour lui.

Les fruits et intérêts perçus depuis l'ouverture de la succession sont rapportables; car, à partir de ce moment, le droit du donataire est résolu.

Quelques anciens auteurs, prévoyant une hypothèse particulière, se sont demandé si un successible auquel le défunt a remis un capital à

la charge d'une rente perpétuelle, est tenu de rapporter à la succession le capital lui-même, ou s'il est fondé à prétendre qu'il ne doit que
le service des arrérages. Dans l'ancien droit, Pothier penchait vers le
premier parti, ainsi que Lebrun. D'autres jurisconsultes sont d'avis
qu'il faudra appliquer l'une ou l'autre décision suivant que la constitution a été faite dans l'intérêt du successible ou dans celui du constituant.

CHAPITRE V.

Comment se fait le rapport.

Le rapport se fait en nature ou en moins prenant (art. 858).

Le rapport en nature s'effectue par la remise dans la masse partageable, de la chose même qui a fait l'objet de la donation.

Le rapport en moins prenant s'effectue soit par la déduction de ce
qu'a reçu le donataire sur ce qu'il a le droit de prétendre, soit par le
prélèvement d'une valeur égale à celle qu'il a reçue, par ses cohéritiers non donataires. Pour les immeubles, en principe le rapport se
fait en nature, et par exception, en moins prenant; pour les meubles,
il a toujours lieu en moins prenant. Le rapport soit en nature, soit en
moins prenant, ne s'applique qu'aux donations entre-vifs. Quant aux
legs, on ne les rapporte pas; on les laisse dans la masse partageable.

CHAPITRE VI.

Du rapport des immeubles et des meubles, et de ses effets.

SECTION RREMIÈRE.

DU RAPPORT DES IMMEUBLES.

Le rapport des immeubles peut être exigé en nature, toutes les fois que l'immeuble donné n'a pas été aliéné par le donataire, et qu'il n'y a pas, dans la succession, d'immeubles de même nature, valeur et bonté, dont on puisse former des lots à peu près égaux pour les autres cohéritiers (art. 859).

Mais alors même que le rapport en nature n'est pas exigé, le successible a toujours le droit de l'effectuer, car ce n'est que dans son intérêt que la loi lui permet de le faire en moins prenant.

Si le donataire a aliéné l'immeuble avant l'ouverture de la succession, le rapport n'a lieu qu'en moins prenant, et il est dû, de la valeur de l'immeuble à l'époque de l'ouverture (art. 860).

L'art. 860 ne concernant que l'aliénation volontaire, nous pensons que si l'immeuble avait été l'objet d'une expropriation pour cause d'utilité publique, ou avait été vendu par licitation, le successible ne serait tenu de rapporter que la somme qu'il aurait reçue.

De la disposition de l'art. 860, il suit que si à l'époque de l'ouverture, l'immeuble n'a aucune valeur, c'est-à-dire, s'il a péri par cas fortuit, le donataire n'a rien à rapporter. Les risques sont à la

6

charge de la succession, mais seulement si le donataire prouve que l'immeuble a péri par cas fortuit et sans sa faute (art. 855).

Il faut décider de même si l'immeuble a péri dans les mains d'un tiers acquéreur, il faudra voir s'il y a eu ou non faute de la part de celui-ci, qui remplace le donataire (art. 864). Si l'immeuble n'a pas totalement péri, le donataire devra rapporter ce qu'il en reste, et d'après l'art. 1305, il devra rapporter aussi les droits ou actions en indemnité qui pourraient exister.

Pour fixer la somme que devra payer le donataire qui a laissé périr l'immeuble par sa faute, il faudra déterminer d'après les circonstances la valeur que cet immeuble eût présentée à l'époque de l'ouverture de la succession, s'il n'eût pas péri.

L'art. 866 vise un cas particulier. Lorsque le droit d'un immeuble fait à un successible avec dispense de rapport excède la portion disponible, le rapport de l'excédant se fait en nature, si le retranchement de cet excédant peut s'opérer commodément. Dans le cas contraire, si l'excédant est de plus de moitié de la valeur de l'immeuble, le donataire doit rapporter l'immeuble en totalité, sauf à prélever sur la masse la valeur de la portion disponible : on applique la maxime « *pars major trahit ad se minorem* ». Si cette portion excède la moitié de la valeur de l'immeuble, le donataire peut retenir l'immeuble en totalité, sauf à moins prendre, et à récompenser ses cohéritiers en argent ou autrement.

Que faudrait-il décider si la valeur de la portion disponible était égale à la valeur de la portion de l'immeuble à retrancher ? D'après une première opinion, ce serait aux magistrats à décider, d'après le « *quid utilius* » pour les parties, si le retranchement doit se faire en nature ou en moins prenant. D'après une seconde opinion, l'héritier, en ce cas, devrait toujours conserver l'immeuble entier, parce qu'il faut éviter le plus possible de déposséder le donataire auquel l'éviction pourrait causer un grave préjudice. — D'après une troisième opinion, enfin, il faudrait recourir à la licitation.

Que le rapport se fasse en nature ou en moins prenant, la question des impenses faites par le donataire pour la conservation ou l'amélioration de l'immeuble demandera toujours à être examinée :

1° Dépenses d'entretien. — Elles restent au compte du donataire, car elles sont la charge naturelle des fruits qu'il a perçus.

2° Dépenses voluptuaires. — Il n'en est pas dû récompense au donataire, car elles n'augmentent pas la valeur de l'immeuble ; le donataire a seulement la permission d'enlever ce qui peut l'être *sine rei detrimento*.

3° Dépenses utiles. — Elles doivent être remboursées au donataire, jusqu'à concurrence du gain qu'en a retiré la succession, c'est-à-dire jusqu'à concurrence de la plus-value qui en est résultée. (Art. 861.) Mais il faut que cette plus-value existe encore à une certaine époque. Quelle est-elle ? La loi nous dit dans l'art. 861 que c'est l'époque du partage. De très-bons esprits prétendent que c'est l'époque de l'ouverture de la succession, et l'on se range facilement à leur avis si l'on considère que le premier système conduit à des conséquences inadmissibles, tant elles sont injustes. C'est par inadvertance que les mots : au moment du partage, ont été conservés dans l'art. 861, qui, ainsi rédigé, est en contradiction avec l'art. 860.

4° Dépenses nécessaires. — Il doit en être tenu compte au donataire, encore qu'elles n'aient produit aucune plus-value. (Art. 862.) Le défunt, en effet, aurait fait ces impenses, si l'immeuble était resté entre ses mains, et les héritiers en auraient trouvé le montant en moins dans la succession. Au surplus, elles ont profité à la succession puisqu'elles ont enrichi l'immeuble.

Si les héritiers doivent tenir compte au donataire des impenses nécessaires et utiles qu'il a faites, par une juste réciprocité, celui-ci est responsable à leur égard des dégradations ou détériorations qui ont diminué la valeur de l'immeuble, et qui sont arrivées soit pas son fait, sa faute ou sa négligence (Art. 863), soit même par le fait, la faute ou la négligence des personnes dont il est responsable.

Le cohéritier qui doit effectuer le rapport en nature d'un immeuble, est autorisé à en retenir la possession jusqu'au remboursement complet des sommes dont il est créancier pour impenses ou améliorations. Article 867.) C'est le droit de rétention. Il est équitable que celle des parties qui n'exécute pas son obligation envers l'autre ne puisse forcer celle-ci à accomplir la sienne.

Passant à un autre ordre d'idées, qui entre assez naturellement dans le cadre du sujet, on peut se demander comment la loi a pu permettre au donataire qui n'a qu'un droit révocable sur l'immeuble, de l'aliéner irrévocablement ?

Voici la réponse : Si le donataire n'avait pu transmettre qu'un droit révocable comme le sien, il n'eût trouvé que bien difficilement des acquéreurs ; une quantité considérable de biens eût été mise hors du commerce ; de plus, on eût rencontré souvent de graves inconvénients suscités par l'incertitude de la propriété.

SECTION DEUXIÈME.

DU RAPPORT DES MEUBLES.

« Le rapport des meubles ne se fait qu'en moins prenant ; il se fait sur le pied de la valeur du mobilier lors de la donation, d'après l'état estimatif annexé à l'acte ; et à défaut de cet état, d'après une estimation par experts, à juste prix et sans crue. » (Art. 868).

Le rapport des meubles se fait toujours en moins prenant.

Il existe entre le rapport des immeubles en moins prenant et celui des meubles une différence importante : c'est que le rapport des immeubles a lieu d'après leur valeur au jour de l'ouverture de la succession, tandis que celui des meubles a lieu d'après leur valeur au jour de la donation ; c'est dire assez que les immeubles sont aux risques et périls de la succession, et les meubles aux risques et périls du donataire. L'article 868 s'applique évidemment à tous les meubles corporels.

Lebrun enseignait pourtant, dans notre ancien droit, que les meubles qui ne diminuent point par l'usage, comme des perles et des diamants, devaient être rapportés en nature, mais Bourjon atteste que ce sentiment n'était pas suivi.

On pense généralement que l'art. 868 s'applique aussi aux meubles incorporels, en effet, aux termes de l'art. 535, l'expression *mobilier* comprend les rentes et créances; or, l'art. 868 qui dit que le rapport du mobilier ne se fait qu'en moins prenant, ne fait aucune distinction entre les différentes espèces de meubles ; donc, il régit les meubles incorporels comme les autres.

On a enseigné la négative en s'appuyant sur ce que les meubles incorporels ne subissent pas la détérioration et la dépréciation qui atteignent les meubles corporels, et ont motivé la disposition de l'art. 868; au surplus, dit-on, ce qui prouve que cet article ne comprend pas tout ce qui est meublé, c'est qu'il ne s'applique pas même à l'argent comptant, puisque l'art. 869 s'en occupe spécialement.

« Le rapport de l'argent donné se fait en moins prenant dans le numéraire de la succession. En cas d'insuffisance, le donataire peut se dispenser de rapporter du numéraire, en abandonnant, jusqu'à due concurrence, du mobilier, et à défaut de mobilier, des immeubles de la succession. » (Art. 869).

SECTION TROISIÈME.

DES EFFETS DU RAPPORT.

« Lorsque le rapport se fait en nature, les biens se réunissent à la masse héréditaire francs et quittes de toutes charges créées par le donataire; mais les créanciers ayant hypothèque peuvent intervenir au partage, pour s'opposer à ce que le rapport se fasse en fraude de leurs droits. » (Art. 865).

Cela revient à dire que les hypothèques et servitudes qui grèvent l'immeuble tombent rétroactivement lors du rapport. Mais d'où vient que la loi qui permet l'aliénation irrévocable d'un immeuble soumis au rapport, n'autorise le donataire à le grever que de charges révocables ? Nous en avons déjà exposé le motif, c'est que la sécurité de la propriété a paru bien plus importante que la sécurité des charges réelles, et de plus qu'il eût été très-difficile d'apprécier la diminution qu'aurait fait subir à la valeur de l'immeuble le maintien de ces charges, inconvénient qui ne se rencontre pas dans l'aliénation de l'immeuble.

Si l'immeuble remis dans la masse partageable est, par l'effet du partage, tombé dans le lot de l'héritier qui a rapporté, les servitudes et hypothèques révoquées par l'effet du rapport, revivront-elles alors sur l'immeuble revenu au donataire ? La subtilité juridique s'y opposerait, car les hypothèques éteintes ne peuvent revivre que par une nouvelle inscription, mais cette théorie trop scolastique a été, bien qu'elle eût Toullier pour défenseur, presque universellement rejetée. Si la loi révoque dans notre espèce les charges consenties par le donataire, c'est afin que la donation ne nuise pas à ses cohéritiers. Or, lorsque par l'effet du partage, l'immeuble lui fait retour, l'intérêt de ses cohéritiers étant alors sauvegardé, la résolution n'a plus de cause, « *cessante causa, cessat effectus.* »

QUESTIONS CONTROVERSÉES.

JUS ROMANUM

I. — An hæredibus ejus cui conferre oportet, conferendum est.

II. — Quid significat hoc verbum : *gentilitas* ?

DROIT FRANÇAIS

CODE NAPOLÉON

III. — Peut-on n'avoir pas de domicile ? — Non.

IV. — Le représentant doit-il rapporter, outre les avantages faits au représenté, ceux qu'il a personnellement reçus du défunt ? Non.

V. — Le représentant doit-il rapporter les avantages reçus par les représentés intermédiaires ? Non.

VI. — Le successible doit-il dans tous les cas rapporter les sommes dépensées par le défunt pour l'exonérer du service militaire ? — Non.

VII. — L'art, 868 s'applique-t-il aux meubles incorporels ? — Oui.

VIII. — La constitution de dot est-elle un contrat à titre gratuit ou à titre onéreux ? Elle est un contrat à titre gratuit pour la femme, à titre onéreux pour le mari.

IX. — Le débiteur qui n'a pas de biens présents peut-il hypothéquer ses biens à venir ? — Oui.

PROCÉDURE

X. — Le tribunal Français peut-il réviser le jugement étranger pour le rendre exécutoire aux termes de l'art. 2123 du Code civil, et a-t-il mission de juger à nouveau la cause ? — On distingue.

DROIT COMMERCIAL

XI. — L'héritier failli qui a obtenu un concordat, peut-il être contraint par ses cohéritiers à rapporter à la succession du créancier *de cujus* la portion de dette dont il lui a été fait remise par le traité ? — On distingue.

DROIT ADMINISTRATIF

XII. — Aux termes de l'art. 23 du décret de 1852, en matière d'expropriation pour cause d'utilité publique, le préfet peut-il, dans le cas où il existe des journaux dans l'arrondissement, désigner, au lieu d'un de ces journaux, un journal qui se publie au chef-lieu du département ? — Oui.

XIII. — L'autorité judiciaire est-elle compétente pour statuer sur la légalité de l'arrêté préfectoral et décider la question précédente ? — Non.

ALFRED MANCERON.

Vu pour l'impression :
Le Doyen,
Ed. BODIN.

Typ. BAZOUGE fils et Cie, successeurs de M. HAUVESPRÉ.

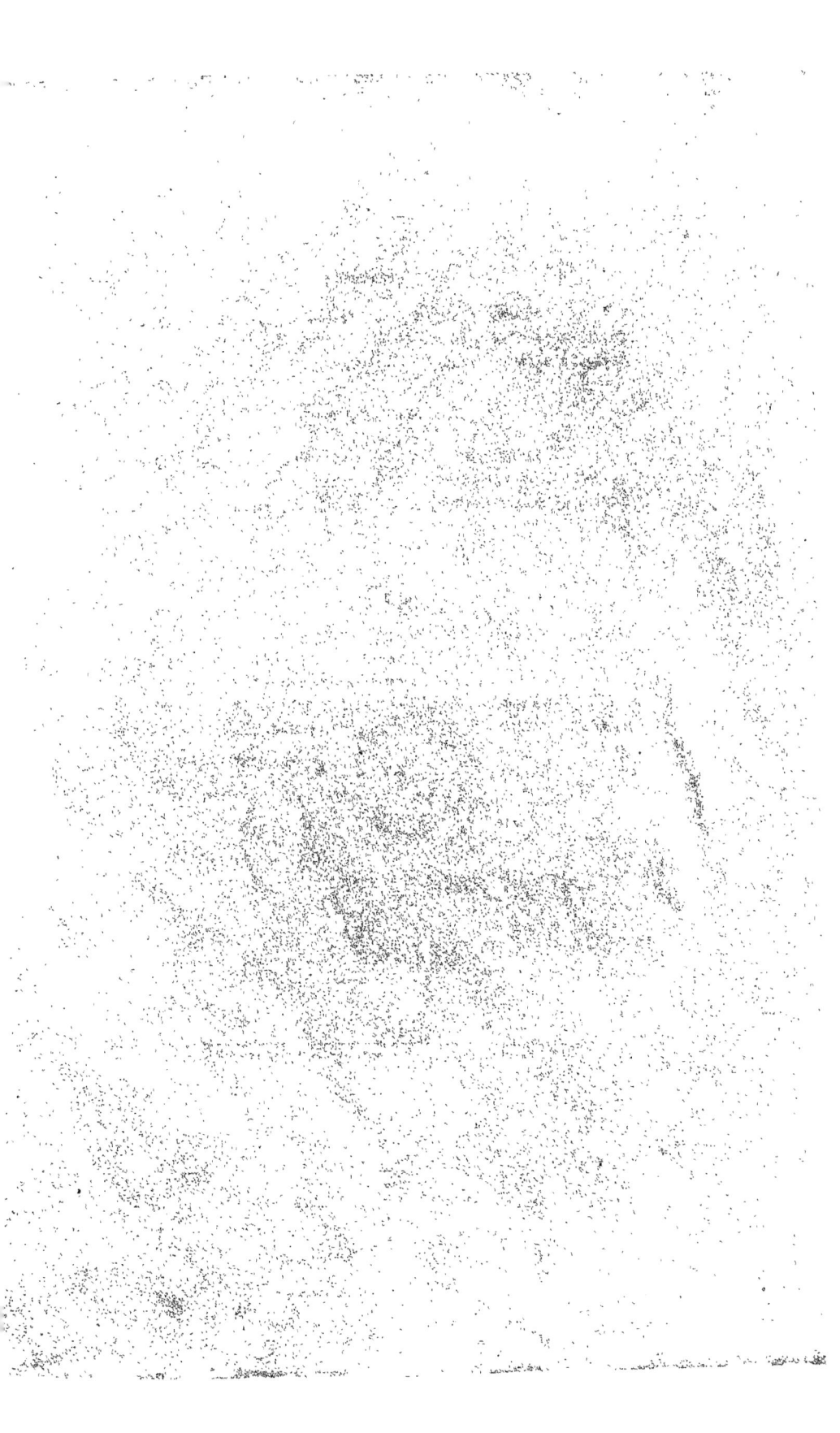